빗살무늬 눈빛

열린시학 시인선 112

빗살무늬 눈빛

초판 1쇄 인쇄일 · 2014년 11월 19일
초판 1쇄 발행일 · 2014년 11월 28일

지은이 | 강대선
펴낸이 | 노정자
펴낸곳 | 도서출판 고요아침
편   집 | 김호성 김남규

출판 등록 2002년 8월 1일 제 1-3094호
120-814 서울시 서대문구 증가로 29길 12-27 102호
전화 | 302-3194~5
팩스 | 302-3198
E-mail | goyoachim@hanmail.net
홈페이지 | www.goyoachim.com

ISBN 978-89-6039-673-9(04810)

*책 가격은 뒤표지에 표시되어 있습니다.
*지은이와 협의에 의해 인지는 생략합니다.
*잘못된 책은 교환해 드립니다.

ⓒ 강대선, 2014

112
열린시학 시인선

빗살무늬 눈빛

강대선 시집

고요아침

■ 시인의 말

  나는 이곳에 왔었다. 언제였을까. 언제인지는 확실히 기억할 수 없다. 하지만 난 당신을 만나러 이곳에 왔던 것이 틀림없다. 기억은 희미하지만 느낌은 여전히 새롭다. 여기에 남긴 시들은 내 삶의 족적일 수도 있겠으나 그것은 예전 당신의 모습을 담은 그림자이기도 하다.

2014년 11월
강대선

■ 차례

시인의 말 05

제1부 길 위에서 물들다

동행	13
개나리 오줌발	14
목동 별자리 코	15
한 뼘 꽃자리	16
풀솜할매 최씨의 봄	17
生이 기댄 어깨	19
또 하나의 울음으로 넘겨지면서	20
천수답	21
도움닫기 1	23
도움닫기 2	24
간격	25
저녁의 표정	26
진동소리	27
하루의 표정	28
안개꽃	29
고요의 자리	31
할머니 묘소 가는 길에	32
수수께끼 숲길	33

제2부 한 뼘의 기억을 만지다

빗살무늬 눈빛	37
샤갈의 항해	39
발바닥	42
80cc 기억	44
율부린 리	46
바람의 집	47
꽃게	49
산방사 유채꽃	50
푸짐한 가난	51
바이칼로 떠난 낙타	53
봉례 고모의 소나기	54
뻥튀기	55
지문	56
이 들녘에서	57
직선의 날개	58
기억의 꼬리	60
명절의 표정	61
영남집	62
파	63
살러 간다	64

제3부 기억의 저편을 더듬다

남광주 박씨 모텔	67
π	70
소리로 지어진 마당	72
바다	73
얼음 은하	74
딱따구리의 집짓기	77
유리구슬	79
흐린 주점에 앉아	80
카시오페아	82
0.01mm의 계단	84
소나기 지나간 뒤	86
엘리베이터	87
천년의 하늘을 머리에 이고	89
바람의 암각화	90
일상	91
박쥐	92
소리를 찢다	94
공존	95
봄비	96

제4부 너에게 닿고 싶다

36.5°	101
영혼의 유전자	102
비양도	103
붉은 달	104
바다로 돌아간 부음	105
소리통로	107
필라멘트	109
소리의 운행	110
별빛의 무게	112
점프를 하다	113
가을 찻집에 앉아	114
그리움의 살갗	116
소금사막	117
교실 문을 열다가	118
매미	120
봇짐	121
등판화	122
제비나라	123

■ 해설_삶에 대한 명상을 통한
생명에의 경외감/허형만　　　　　　　125

1부

길 위에서 물들다

동행冬行

동동촉촉한* 바람은 고갯길을 사붓이 밟으며 가고
옷깃을 여민 솔가지들이 간간이 기침을 하는 오후
한 옹큼 햇살 받쳐 든 우듬지가 허공을 간질거리고 있다

숫눈*을 몰래 밟고 지나가는 바람 발자국 소리에
문득, 고개 든 사슴이 나무 그늘 사이로 총총히 사라지고
구름은 무슨 일인가 갸웃거리며 굽은 길을 오간다

늙마에 고개티 넘어 찾아 든 고향 하늘은
어머니 너른 품처럼 깊고 아늑하기만 한데
어귀를 기웃거리는 발길만 숫보기*처럼 머뭇거린다

어룽어룽한 마을을 낯선 기침처럼 들어서니
곰살궂게* 구는 옛길들이 정다이 손잡아 이끌고
옛 동무 건넨 술잔엔 함초롬한 달빛이 젖어 있다

* 동동촉촉한 : 매우 삼가고 조심하는.
* 숫눈 : 건드리지 아니하고 쌓인 채로 있는 눈.
* 숫보기 : 숫총각이나 숫처녀.
* 곰살궂다 : 성질이 부드럽고 다정하다. 함초롬하다: 좀 축축하고 차분하다.

개나리 오줌발

노란 개나리가 시원한 오줌발로 쏟아져 내려오고
그 위에 앉아 있던 햇살도 휘움하게* 쏟아져 오는 아침결
마루에 늙은 지팡이 홀로 앉아 한갓지게 바라보고 있다

꽃잎 열듯 히죽 웃을 때마다 드러나는 빠진 앞니 사이로
움돋이 하듯 혀끝을 장난삼아 쏙 내밀어 햇살 간질거리면
곱다시 노란 꽃잎이 봄볕에 새시로 돋아날 것만 같다

들여다 본 편지함엔 묵은 공기만 솔래솔래 빠져나가고
흐리마리*로 옛 기억 들춰보며 먼 구름 쳐다보는 한낮에
불현듯 전화 벨소리 들썩들썩 마른 손 잡아 끈다

꼬박이 인사하는 어린 강아지 함초롬한 목소리에
온냐, 온냐 소리는 앞니에서 매듭 풀리듯 새어 나오고
개나리 굵은 오줌발 마당까지 흐드러져 있다

* 휘움하게: 조금 휘어져 있는 솔래솔래: 조금씩 살짝 빠져나가는 모양.
* 흐리마리: 기억이 분명하지 않은 모양.

목동 별자리 코

바람 꼬리는 수면 위에 물결 일으키고
달아오른 철쭉꽃은 소나무 그늘 팩을 하고
노을은
숨 고르듯이 한낮을 붉게 토해낸다

발끝을 간질거리는 잔물결에
몰래 꽂아 둔 눈물 한 방울 꽃처럼 피어나면
아픔은
시간을 건너 아릿한 가슴으로 들어온다

서성거리던 발자국 한 뼘 한 뼘 지워져 가고
품어 온 꽃 한 송이 툭 떨어지는 파문
사랑은
꽃처럼 지고 목동 별자리 코, 시큰하다

한 뼘 꽃자리

지난 추위도 무사히 넘겼는가, 저 소곳한 할매
아파트 좁은 샛길에 오이, 상추, 파를 벌여 놓고
의자에 쪼그려 앉은 홑바지에 햇살을 덧대고 있다

젊을 때는 얼굴 꽤나 팔렸을 조쌀한 얼굴로
간간이 바라보는 하늘은 흰 머릿결 같은 구름이 오가고
바람은 솔개그늘에 숨었다가 귀밑을 간질거린다

길 가는 아이를 내 새끼인 양 바라보는 오후
꽃님이 할매가 살갑게 지난 안부를 물어오고
맞잡은 손과 손 사이 웅숭깊은 물결이 일렁인다

벚꽃은 사붓이 내려 바람에 하느작거리고
그냥은 아쉬워 몇 포기 더 얹어 주니
노을은 상추 놓였던 한 뼘 자리까지 꽃물 들인다

두 사람 하뭇하게 웃는 우주의 어느 한적한 샛길
움츠린 입술은 둥근 꽃잎처럼 곱게 펴지고
올 봄도 따뜻하리라, 어둠은 달빛에 한 꺼풀 옷을 벗는다

풀솜할매* 최씨의 봄

히죽 웃을 때마다 드러나는 빠진 앞니 사이로
움돋이 하듯 장난삼아 혀끝을 쏙 내미니
곱다시 여린 꽃잎이 돋아날 듯 잇몸이 간지럽다

둥근 동네엔 어린 봄이 노란 낚싯대 드리운 듯
굽은 길마다 개나리 휘움하게 쏟아져 내리고
지팡인 에멜무지로* 물고기 흔적을 좇아 허둥댄다

편지함엔 묵은 공기만 솔래솔래 빠져나가고
흐리마리*로 기억을 긁어모아 한낮을 뒤적거리노라면
마당에 쏘삭거리던 참새들 저녁을 물고 날아간다

어둠은 마을 어귀부터 휘뚤휘뚤 구부러져 오고
몇 남은 흰 머리칼은 실바람에 나슬나슬 흔들리는데
불현듯 전화 벨소리 늘썽늘썽 마른 손을 잡아끈다

꼬박이 인사하는 강아지 함초롬한 목소리에
온냐, 온냐 소리는 매듭 풀린 듯 소르르 새어 나오고
개나리 무슨 일인가 담벼락에 쫑긋 귀 세운다

* 풀솜할매 : 외손에게 정이 두터운 할머니.
* 에멜무지로 : 언행을 헛일 겸 시험 삼아.
* 흐리마리 : 기억이 분명하지 않은 모양.

生이 기댄 어깨
— 극락강역에서

바라보는 순간, 아담한 고향집이라 생각했을까

해질 무렵, 극랑강역驛은
립스틱 바른 여인의 입술처럼 볼그족족했다

몇 번의 망설임 끝에 문을 연, 그 순간을
예정된 인연이라 이름 짓는다

 열 평 남짓한 대합실, 벽에 걸린 액자 속에서
  누렇게 출렁이는 벼들과 황토보다 붉은 꽃들이 눈인사
를 건넨다

 그리고 액자 밑, 누군가 써 넣은
 -그대라는 어깨가 있어 행복했습니다

 ……생은 죽음이라는 어깨가 있어 외롭지 않았구나
 외롭게 살다간 숱한 생을 극락으로 흘러보내고 싶었다

 여인의 붉은 입술을 훔친 기차가
 얇은 어둠 속으로 성큼성큼 멀어져 가고 있었다

또 하나의 울음으로 넘겨지면서

순천만 갈대밭에서
멀고 먼 예전에나 불렀을 법한 판소리 가락을 듣는다

그러니까
바닷바람으로 목을 쓰다듬던 소리꾼들이
내 발자국 소리를 듣고 마른 몸을 곧추 세웠던 거다

다지고 다졌을 명창들의 소리가 들려오면
오래전 잃어버린 소리들이
어둠 속에서 등불을 발견한 듯 크나큰 울음소리를 내기 시작한다

누가 맨 처음 이곳에
소리의 씨앗을 심어 놓았는가

수 천 수 만 번, 바람에 깎여졌을 소리들이
또 하나의 울음을 만들고 그 울음을 넘겨받은
울음들이 어느덧 바다로 흘러간다

내 안에 응어리진 소리들도 못 다한 그리움의 울음도
제 길을 찾은 듯
또 하나의 울음으로 넘겨지면서

천수답

우두커니 하늘을 바라보는 일이
내가 할 수 있는 전부이나

가난도 슬픔도 모두 하늘에 있으니
고개는 늘 하늘을 향한다

하늘은 침묵하는 것처럼 보이나
그 속엔 언제나 오고가는 때가 있다

거짓된 마음 없이
온전히 하늘을 바라보는 일

바보 같다고도 하고
어떤 이는 어리석다고도 하지만

그대를 바라보는 일처럼
내 마음은 한없이 온전하고 숭고해지는 일

때론, 속까지 파고든 바람과 햇살이
뼈와 살이 되어 눌러 붙고

마른 외로움마저
단비가 되어 옛 품을 찾아드는 일

도움닫기 1

찬바람이 불어오는 골목길에서
비닐봉다리가 바람을 발판 삼아 도움닫기를 하고 있었다

검은 옷을 입고 있지만 네 속은 다 보였다
훤히 비어낸 네 속으로 바람은 자유롭게 들락거렸다

떨어져 내리는 몇몇의 낙엽들이
기적처럼 네 속으로 뛰어들기도 했다

너는 네가 도달한 높이에 현기증을 느끼는 듯
다시 떨어져 내려오는 듯도 했다

그러다가 가끔 제 자리를 찾지 못해
거리를 방황하는 어두운 눈빛 같기도 했다

숱한 엇갈림의 시간을 지나 네가 나의 방황의 몸짓이 되어
다시 나의 눈빛과 마주한 것만 같다

끝없이 도움닫기를 하며 어디론가 떠나고 싶었던
쭉지 잃은 어린 새의 눈빛 울음처럼

도움닫기 2

햇볕이 들지 않는 골목길 외진 곳

홀로 피어난 들꽃을 보다가
한순간, 눈시울이 뜨거워졌다

들꽃은 홀로 도움닫기 연습을 하고 있었던 걸까

손가락 두 마디만큼 높이에서 꽃을 피운
들꽃의 숨 고르는 소리를 듣는다

이런 외진 곳에 어떻게 피었느냐

꽃잎은 온기처럼 날 보며 웃는다

간격

나무와 나무 사이 그 간격과 간격이 모여
울울창창鬱鬱蒼蒼 숲을 이룬다고 어느 시인은 말하지만
나무는 그 스스로가 이미 간격을 이루고 산다

가지와 가지 사이에 간격을 벌려
새 한 마리, 바람 한 줄기, 햇볕 한 줌
자유로이 드나드는 문을 만든 셈이다

좁다란 간격으로는 도저히 받아들일 수 없는
生의 허무, 절망의 가지와 가지 사이를
너그러워지는 삶의 간격으로 벌리고 산다

겨울나무, 무성한 잎들이 떠나간 그 자리에
수시로 불어오는 찬바람을
닉닉히 받아넘기면서 간격, 한 겨울을 산다

저녁의 표정

 마천루 그림자는 긴 목덜미처럼 늘어지고 산은 이미 자신의 높이를 어둠 속에 숨기고 있다. 거리엔 하나, 둘, 눈비비는 술집과 음식점 간판들이 잠에서 깨어나고 길가에 늘어서 보초 서던 가로등이 불빛으로 닦여지는 도로의 비늘을 내려다보고 있다. 아내의 왜소한 그림자가 버스정류장을 뒤로 하고 허름한 골목길을 돌아오면 뒤 따르던 달빛이 창문 넘어 방 안까지 따라 들어오고, 하루의 노동으로 지친 그림자가 아기의 눈빛을 안고 토닥이는 소리, 고요가 몰래 엿듣고 있다.

 바람에 흐려지는 달빛을 바라보던 아기가 지상에서 가장 가까운 별을 잡으려는 듯 두 손을 바동거린다.

진동소리

문득, 내 몸이 들었던 것일까

아파트 돌아가는 길목, 장막 친 그늘이 밀고 들어오는 땡볕을 악 다문 입술로 방어하던 그 변경邊境의 주변, 감나무에 앉은 까치 울음소리가 홍시 그림자 물고 가는 개미허리에 살짝 얹히던 근처, 쫘르르 검은 콩이 쏟아진 겨울 시루 밑에서 씨눈 같은 별빛 바라보던 그 고요의 자리에서

이제 막, 바람을 털고 있는 여린 꽃잎

하루의 표정

  물결 위로 잔잔히 피어오르던 안개는 지나간 구름의 흔적처럼 수면 위를 떠다니다가 하얀 꼬리를 감추었다. 햇살이 색실로 수를 놓는 물결 위로 바람은 아기손바닥만한 잎을 슬쩍 당겼다 놓았다 하고 바람이 내려앉은 풀숲에선 잠을 깬 풀벌레가 쟁쟁거린다.

  풀숲 너머엔 물결이 몰려 올 적마다 절뚝거리는 늙은 배 한 척, 주름진 눈가 홍건히 젖어 가고 두 뼘 남짓 나무의자는 삐거덕 삐거덕 노를 젓는 듯 아득한 바다를 바라보고, 어느덧 서쪽 하늘은 사공의 노랫소리에 취한 홍련처럼 붉어져 있다.

안개꽃

아파트 길목, 네 평 남짓한 아담한 꽃집이 있다
나는 오가면서 웨딩드레스 같은 안개꽃을 바라보곤 했다
햇살이 닿으면 사라져버리는 안개처럼 당신을 사랑했을까
오가는 길에 꽃집 아가씨와 눈이 마주치면
왠지 안개꽃처럼 부끄러워진 나는 자리를 뜨곤 했다
이제와 사랑의 서약을 하려는 것은 아니나
왠지 나의 사랑은 장미꽃이 아닌 안개꽃인 것만 같다
인생에는 언제나 슬픔, 그리움 따위의 것들이 따르듯 내 사랑도
안개꽃 한 묶음 정도로 추억이 남았으면 좋겠다
안개에 숨어버리고 싶었던 적이 있었다
당신이란 장미를 사랑하는 일은
언제나 가슴 졸이고 두려운 일이어서
나는 항상 당신을 아는 누군가의 뒤에 숨어서
밀리서만 수줍게 바라보곤 했나
그러다가 문득, 군대와 취업에 쫓기던 어느 시기에
당신은 웨딩드레스를 입고 멀리 날아갔다
그날 비가 내렸고 나는 온종일 비틀거렸다
그리고 가끔 나는 당신의 이야기를 흘려들었다

지금도 안개처럼 흐릿하기만 하다 하지만
나는 여전히 당신을 사랑하고 있다
내가 지녀온, 부치지 못한 마음과 남겨 놓은 일기장과
그대의 사진을 지금도 간직하고 있다
내 사랑은 붉은 장미가 아니라 하얀 안개와 같았으나
사랑하였노라, 사랑하였노라고 가슴은 말한다
세월이 지나 우리의 사랑도 어느 먼 훗날 아주 소소한
추억의 어느 끝에 매달려 있으리라
언제고 떠나야 할 것을 알기에 우리의 삶은 눈물겹다
저물녘에 나는 다시 꽃집에 들러
안개처럼 흐릿한 나의 사랑 이야기를 꽃집 아가씨에게
수줍게 들려줄 것이다
장미 한 송이를 품은 안개꽃 이야기를

고요의 자리

고요를 만난 적이 있다

밤새 내린 눈이 그치고 구름 사이로 아침 햇살이 이제 막 어른거리는 시간에
경건하게 서 있는 나무들이 하얗게 세상을 받쳐 들고 있는 그 때에

그 잔가지 위에 살짝 얹혀 지는 바람 한 줄기, 그 무게로 인해 늦게 떠나 온 어린 눈들이
앉아 쉬던 발이 살짝 미끌린 듯 사르르, 내 이마 위로 떨어지고 있었다

내 전체가 고요가 되어 태초에 누구의 손도 타지 않는 그 순수의 상태로 돌아가 소리 높여 울고 싶어지는 그 순간에 넌 네서부터 어둠을 쓸고 내려오는 햇살이 그렁그렁한 내 눈물의 옆구리를 간질거리고 가던

그 무념無念의 자리

할머니 묘소 가는 길에

할머니 묘소 가는 길에
옹기종기 모여 있는 生의 기억들

거품처럼 생겨났다가 사라지는
순간들을 생각했던가

아득히 먼 우주의 시작부터 생겨났다가 사라져가는
생과 죽음의 행렬

살아온 날들만큼
또 하나의 거품처럼 사라져 갈 내 生의 기억들

석양에 거품의 눈시울이 붉어져 있다

수수께끼 숲길

저 너머, 무엇이 날 애타게 기다리고 있을까

수수께끼처럼 감춰 진 숲길을 한 발 한 발 내딛는다

또 하나의 길은 수수께끼처럼 보여주고 또 감추고

그렇게 지나온 길들은 다시 제 모습을 감춘다

삶이란 제 모습을 얼마쯤 가리며 걷는 길일까

저 너머, 어렴풋이 지나온 길을 가늠해 볼 뿐이다

2부

한 뼘의 기억을 만지다

빗살무늬 눈빛

맨 처음 어느 종족이 너에게 금을 그었을까

그의 손끝에서 신석기의 햇살과 빗줄기가 새겨지고
그 틈 사이로 바람이 살짝 비끼어 갔을 것이다

흙테를 하나씩 빚어 올리는 그 순간에
아이들 웃음소리도 섞여들고 모닥불빛 또한 몰래 숨어들었을 것이다

그의 숨소리가 흙테 위를 조심스럽게 눌러 주었을 그 때처럼
내 호흡이 가만가만 깨금발을 딛는다

그의 눈빛과 나의 눈빛이 만나기 위해서 칠백 도를 넘어서는
뜨거움을 너는 견뎌야만 했을 것이다

그래서 그의 심장의 파동까지 온전히 담아내고서
육천여 년의 시간을 건너 이렇게 너와 나는 만나고 있는 것이다

밤하늘의 별들을 바라보던
그 크고 선량한 갈색 눈빛을 고스란히 말해 주면서

샤갈의 항해航海

바닷가에 앉아 마카오, 홍콩, 레바논, 시드니, 이런 도시들을 생각하며
내 유년의 나이를 아득한 바다에 던지며 자랐다

원양어선보다 큰 배를 타고 까마득한 바다로 나갔다는 아버지는
곧잘 엄마가 들려주는 두근거리는 이야기 속에서 살아나
내 기다림의 키를 훌쩍 키워놓곤 했다

그 후로도 사진 속 아버지는 나를 바닷가에 하루 내내 세워 놓고
낯선 도시들의 이야기를 들려주곤 하였는데

뼈가 굵어지고 먹고 사는 셈을 해야 하는 나이 때쯤엔
먼 도시를 떠돌던 그리움은 뭍에 올라온 물고기처럼 할딱거리다가
이내 숨을 멈추어버리는 까닭모를 슬픔이 되었다

더 이상 수평선 너머엔 아버지와 아버지의 항구와 아버지의 항해가 없다는
사실을 무서운 진실처럼 받아들였으나

나는 그물 안으로 고기떼를 몰아오는 보이지 않는 누군가의 손이 혹
　넓은 이마가 나와 닮았다는 아버지의 크고 두툼한 손이 아니었을까 하는
　환상에 잠겨 보곤 하는 것이었다

　그러다가 문득, 나도 모르게 믿게 되었을까
　밤하늘의 별 하나가 등대처럼 크고 환하게 빛날 때쯤이면
　아버지는 아득한 바다를 건너 저 크나큰 우주의 바다까지 홀로 항해를 하고 계실 거라고

　그 별을 따라 나도 밤마다 우주의 바다로 들어가
　아버지와 함께 큰 물고기를 타고 시원한 이마 같은 웃음을
　서로 건네받으면서 일렁이는 별빛을 타고 집으로 돌아오곤 했다

　날마다 아득하고 먼 하늘을 바라보며 웃음을 건네는 나를 보고
　어떤 이는 슬픔이 너무 컸다고도 하고
　또 어떤 이는 슬픔이 너무 작았다고도 하지만

내 삶이 쓸쓸하고 외로워지는 저물녘이면
아버지와 내가 함께 한 꿈같은 우주의 항해를
가슴에 하나 둘, 빛나는 별처럼 매달아 놓고 생각하였다

그리움 하나를 우주에 심으니
모든 쓸쓸한 것들이 다 아름다운 별이 되었노라고

그리하여 우주에서 들려오는 짙은 웃음소리가
크고도 둥근 물결로 일렁이며 날마다 나에게 건너오고
있는 거라고

발바닥

 화순 적벽, 수직으로 그어진 숱한 생의 병풍을 보았을까

 이 빠진 햇살이 가끔 기웃거리는 화순 병원 반 평 남짓한 침대에
 구십을 넘긴 두 개의 적벽이 서 있다

 하얀 살갗에 피가 붉게 돌던 적벽은
 자신의 붉음을 속울음으로 감춘 채 침묵하고 있다

 오십 킬로 남짓한 중량을 떠받치던
 땅과 가장 가까이 위치한 족속들이 만들어낸 생의 기억들이 흘러간다

 가만 손을 대어보니 울컥, 북받쳐 오르는 뜨거운 것들
 자랑보단 부끄러움이 많았노라고 말을 건네던 쉰 목소리가
 생의 고뇌와 슬픔, 그리움 따위의 것들로 새겨지면서 사라져간다

 문득, 더 이상 새겨질 것 없는 붉은 속울음을 듣는 것만 같아

말없이 서 있는 적벽의 차가움을 붙잡고
화순 적벽 밑을 흐르는 짙푸른 강물처럼 출렁거렸다

징징 우는 강물소리를 듣는다
적벽, 붉은 울음소리가 다져지고 다져진 삶의 견고함이었을까

전생의 붉은 기억이 안으로 깊게 새겨진 비석을 쓰다듬으며
간밤에 불어난 강물이 목까지 차올랐다

80cc 기억

녀석은 시골집 한구석에서
가래가 끓는 듯 시금털털한 소리를 내뱉고 있다

몸은 이미 한 세월을 지나고 있는지
녹슨 뼈대만 남아 간간이 덜그럭거리고 있다

문득, 녀석의 몸에서 뻗어 나오는 푸른 기억의 줄기가
시간을 거슬러 오른다고 생각했을까

부르릉, 내 몸보다 먼저 찾아가던 이웃 마을
그 마을에 살던 은실 누님이 나를 기다리고 있다

먼발치에서 보고만 오던,
왠지 모를 설렘으로 무성하던 신록의 날들

은실 누님이 돈 벌러 서울로 떠나던 날
내 손에 쥐어 준 고구마도 말라가는 것만 같았던가

녀석은 나의 슬픔을 아는지 모르는지
어디론가 가고 싶다는 듯 자꾸만 가르랑거리고 있다

부르릉, 한번 쯤 푸른 길을 질주하고 싶은 것일까
백태 낀 눈이 나를 슬프게 바라보고 있다

해묵은 고구마 순이라도 돋아나오려는 듯
묵힌 울음이 금방이라도 뻗어 나올 것만 같다

율부린 리

고라니 같은 동물들은 무리에서 낙오되지 않기 위해
고통을 드러내지 않는다고 하지
그래서 상처를 보듬고 평생을 산다고도 하지
조금 아파보이는 것은 거의 죽을 만큼 힘들다는 거지
그러니까 보이는 것보다 보이지 않는 고통이
어쩌면 그의 본질인지도 모르지
내가 아는 어떤 시인 형님도 그렇지
겉으론 아무렇지 않는 듯 웃어도
속은 암과 싸워나가는 고통으로 비명을 지르지
암담한 두려움에 가끔 눈물도 흘리지만
항상 괜찮다며 둘러대지
어느 날에는 반질거리는 율부린 머리로 깎고
또 어느 날에는 비쩍 마른 겨울나무가 되어 서 있지
오늘도 엷은 웃음으로 나를 보고 있지만
나도 모르게 눈물이 어리는 것은
알기 때문이지, 그 고독한 싸움을, 생의 눈빛을

바람의 집

할머니는 입에 한 줌 남짓한 바람을 키우셨다.

문과 문 사이로 슬쩍 삐져나오는 녀석의 꼬리가 간지럽다는 듯 할머니는 가끔 입을 오므리곤 하셨는데, 이따금 꽃잎처럼 입이 퍼질 때마다 냉큼 문을 나서는 녀석의 몸에선 익어가는 메주 냄새며 연한 알코올 냄새 따위의 것들이 섞여 있곤 했다.

어느 날인가, 막걸리 몇 잔에 토마토처럼 붉어지신 할머니는 흘러간 가락에 맞춰 어깨를 들썩이시고 녀석은 고수라도 되는 양 쇳소리로 박자를 맞추곤 했는데, 그 소리가 왠지 서글퍼 젖빛 막걸리도 머리밖에 없는 노래 가사도 가끔 얼비치는 눈물 같은 것도 모두 핑, 눈물이 돌았다.

그러던 어느 해, 녀석은 집을 잃었다.

할머니 누워 계시는 산 중턱, 저 어디쯤에 집을 잃은 녀석이 정처 없이 헤매고 있을 것이다. 안테나처럼 손을 내밀어 녀석의 행방을 수소문해도 가끔 걸리어 오는 것은 얼큰하게 취한 바람 발자국 흔적뿐.

빛바랜 흑백 사진 속에서 할머니, 녀석과 하뭇하게 웃고 계신다.

꽃게

수산시장에 들러 꽃게를 흥정한다

크고 센 놈이 인정받는 것은 어디나 매 한가지일까
부르는 가격이 제각기 달라진다

비닐봉다리에 담아 온 꽃게들이 살겠다고,
살아보겠다고 아우성이다

평생을 믿어온, 혹은 간직해 온 것이 한 순간
이렇게 홀딱 벗겨질 수도 있다는 듯

기절시킨 놈들의 등딱지를 벗긴다

놈들의 몸이 지녀왔을 언어를 푹 삶은 뒤
식탁에 앉아 해체하기 시작한다

쪽쪽 빨아댈 무엇이 나에게도 남아 있는지
깊은 곳까지 찢고 부수고 잘랐다

내 언어를 깨물고 있는, 껍데기로 남은
집게발의 인신공양, 아프다

산방사 유채꽃

그 여자,
제주 산방사에 가면 볼 수 있을까
유채꽃처럼 피어
나를 물들이던 그 여자
서울 관악산 아래에서 내 손 잡고
하염없이 울던 여자
유채꽃처럼 바람에 몸을 맡기던 여자
나와 같이 흔들리면
안 되겠냐고 묻던 제주도 여자
가난한 나를 사랑해서
파도처럼 나를 사랑해서
매번 문을 두드리던 그 여자
추운 날에 내 입술을
목탁 두드리듯 정성들여 두드리며
노랗게 피어나던 그 여자
산방산 산방사에 가면
그 여자 만날 수 있을까
목탁 소리 가슴에 흐르는
유채꽃, 그 여자

푸짐한 가난

모처럼 병어회에 황실이탕을 앞에 두고 모임을 가졌다

허 교수님은 매취순 몇 순배에 거나해지셨고
장에 구멍 뚫리신 변 시인님은 입맛만 다지시며 녹차를 들이켰다

위암 치료를 받고 계시는 이 시인님은 형광 불빛에 머리를 반짝이셨고
술이 약하신 조 선생님은 빨개진 얼굴로 연신 술만 권하셨다

그나마 술에 자유로운 박 시인님이 연신 폭탄주로 잔을 비우고 계셨는데
황실이를 접시에 나누다 보니 막내 시인의 그릇이 섭섭하였다

그러자 교수님이 황실이 한 마리를 보시하시고
이하 여러 시인들이 너나없이 한 마리씩 건네자
그릇은 이내 황실이로 푸짐했다

사는 일도, 시를 쓰는 일도 모두 이와 같은 것이 아닌가

어딘가 부족하고 어딘가 모자라는 것에게
조그마한 인정 하나 나눠주고 보태주는 일

류 시인님의 볼그족족한 얼굴이 한없이 예뻐 보이고
논문 붙들고 사시는 박 시인님의 부은 얼굴도 다정하고
늦게 온 김 시인의 총총한 눈빛은 왜 그리 고운지

달은 이미 남광주시장 위에 환한 얼굴을 내밀었는데
너나없이 부족해서 푸짐해진 부자들이
달이 참 붉다며 한바탕 웃음을 넉넉하게 건넸다

바이칼로 떠난 낙타

 바이칼 호수에서 별이 쏟아지는 춤을 보고 싶다던
 등이 굽은 낙타는 하얀 눈이 내리는 밤이면 고개의 방향을 북쪽으로 돌렸다

 선대의 선대로부터 어느 뿌리의 한 가닥은 분명 바이칼에서 숨을 몰아쉬었으리라

 어느 해, 낙타는 바이칼로 떠났다

 그가 남긴 것은 지도 한 장과 눈 쌓인 바이칼 사진과
 유언처럼 남긴 통장과 자잘하게 흩어져 있는 추억 몇 조각……

 지금 낙타는 어디쯤 가고 있을까

 폭포처럼 쏟아지는 바이칼에 누워 선대의 선대가 남겼을 숨결을
 고요히 듣고 있을까

 그가 없는 밤, 별빛이 호수에 젖는다

봉례 고모의 소나기

고향집 뒷방 구석에
이제는 힘없이 앉아 있는 재봉틀에서
소나기 소리를 듣는다

재봉틀 위를 오가는 여인의 외로운 손을 본다

우리 봉례 고모는 홀로
세 딸을 소나기 속에서 키우셨다

늦은 밤, 소나기는 아버지의 음성이 되어
세 딸의 머리맡에 앉았다 간 것일까

소나기를 부르며 가끔 얼굴 붉히시던
고모의 일흔 고개의 삶이

박음질 소리와 함께 아득히 넘어가고 있다

뻥튀기

쫄딱, 사업에 망한
그래서 다시 못 일어날까봐
방 한 칸에 잠든 네 식구, 물끄러미 바라보며
뻥튀기가 운다
푹, 모자를 눌러쓴 외딴 곳의 둥지
할 수 있는 일이라곤
— 뻥이요, 뻥이요
하루 종일 울어대는 일
멀리서도 알 수 있게 울어대는 일
뻥튀기가 운다
노을은 튀밥처럼 붉게 부풀고
기인 그림자는 저녁의 문턱을 넘어선다
먹고 사는 일에 묶여 있어도
아직은 젊은 날
뻥튀기 울음에 모여
네 식구가 어깨를 기댄 채 잠이 든다
팔아 온 쌀 한 되를
어둠 속에 가만히 부어놓은 뻥튀기가
붓꽃처럼 멍이 든 아내 옆에서
소리 없이 운다
뻥튀기가 운다

지문

광천터미널에서 서울까지 네 시간

창밖을 바라보니 땅에 지문을 새기듯 소를 몰고 있는
구부정한 농부의 그림자

소는 얼마나 오랜 시간 동안
생의 지문을 새로이 복사하고 있었을까

소 같이 일하셨다는 우리 고모할머니의 그 곱던 지문도
흙 속에서 다시 복사되고 있는 것일까

새 한 마리 날아오른다

닳아 없어진 지문 같다고 생각했던 어떤 사랑 하나가
문득, 가슴에 새로이 지문을 찍는다

차창에 붉은 지문을 마구 찍어대던 석양이
그 사람인 듯 나를 뒤따라왔다

이 들녘에서

이 들녘에서 오후의 햇살은
활활 타오르는 불꽃 소리를 낸다

설익은 내 청춘이
한여름 파닥이던 소리였을까

저녁 무렵, 이 들녘에서
뜸 들여지는 소리를 듣는다

먼 길을 돌아온 내 청춘도
아궁이 속, 불씨 같은 햇살을 품고 싶다

이 들녘에서 고개 숙여 울고 싶다

직선의 날개

직선의 길고 짧음이 만들어낸 책상
그 위에 놓였을 무수한 눈빛들을 거슬러 올라간다

책상 한 쪽에 가득 쌓여
눌려진 책들의 비명 소리를 들었을까

주문처럼 가득한 문제지를 들고
새벽부터 밤까지 돌고 돌던 십대의 자전

아직 오지 않은 불안한 미래가 붙박이처럼 따라붙고
어깻죽지엔 항상 슬픈 날개가 파닥이고 있었다

사각의 교실을 벗어나지 못한 직선들이 날개를 찾아
칠판을 향해 꽂힌다고 생각하는 순간

숱한 수직의 이름들이 칠판 위로 호명되더니 하나 둘 사라져 간다

그 나열의 끝에 수직으로 그어진 이름 하나가
숱한 이름 석 자로 불리어지고 있다

날아가지 못한 수직의 꿈이었을까
안쓰러워진 나는 두 팔을 벌려 수평의 날개를 긋는다

아직 파닥이고 있는 청춘의 날개를 위하여

기억의 꼬리

 토라진 듯 고개를 비스듬히 돌리고 있는 일기장
 아무렇게나 뒹구는 낙엽처럼 까칠한 표지
 마른 침이 넘어가는 소리처럼 한 페이지가 넘어가면
 보글거리는 물방울처럼 수면으로 올라오는 기억
 검지 둘째 손마디만큼 촘촘히 써 넣었던 어떤 한 사람에 대한 나열
 숱 많은 머리카락 사이, 보이지 않는 흉터처럼 일상에 기대어 잊은 듯 가물거리다가
 문득, 기억의 꼬리에서 만져지는 눈물자국

 랭보였던가
 아픔이 없는 영혼이 어디 있으랴
 간밤에 내린 찬 눈을 껴안고서 푸르게 빛나는 소나무를 바라보았다

명절의 표정

장난 심하신 작은형이
어머니 젖을 그냥 만져본다

급습을 당한 어머니

— 에쿠, 이놈아!

등짝을 맵게 후려치시는 시늉을 하신다
그 순간이었을까, 발갛게 달뜬 처녀의 가슴이 살짝 보인 것은

— 만졌다고 닳아지요, 어찌요?

너스레를 떠는 작은형 뒤에서
아버지도 허—, 짐짓 모른 체 하시며
달뜬 처녀 가슴을
가만 훔쳐보셨을 것도 같고

영남집

낡은 탁자가 막걸리 한 잔을 받아 든다

오래된 이야기 같은 할매가
고구마 세 개를 입가심하라며 풀어 놓는다

― 한 잔 하세요, 할머니
― 지비나 많이 잡사

혼자 왔냐며 오래된 벗처럼 하뭇하게 웃으신다

― 남광주시장에서 얼마나 닳아지셨소?

친구와 함께 막걸리 잔을 비우고 있을 때
앞 탁자에 앉은 일행 중 한 명이 뭉툭하게 묻는다

― 얼마 안 디야, 아덜이 이제 예순잉께

투박해서 맑은 목소리가
사발에 그윽하게 담겨지고 있다

파

잘라놓은 대가리가 해파리 같다
뿌리로 헤엄치는 놈의 머리를 씹고 계시는 아버지
소주 한 잔을 털어 넣으신다

코를 찌르는 삶의 이열치열
곁에 있던 아들은 눈물을 찔끔거렸다

해파리처럼 변한 아버지의 머리를
매번 씹고 있던 것은 눈물보다 독한 무엇이었을까

문득, 빚으로 살아가는 무거운 자리에 앉아
아버지의 고독한 침묵의 소리를 듣는다

소주 한 잔을 털어 넣고
파뿌리를 씹다가 갑자기 눈물이 피잉 돈다

흙과 함께 굽으신 등 너머로
아득한 삶의 바다가 한 순간 일렁이고

해파리 한 마리, 촉수를 뻗는다

살러 간다

  아무도 살지 않은 고향집에 나는 가끔 살러 간다

  딱지를 가위로 반듯하게 잘라내어 똥닭개로 쓰시던 할머니, 그 모습을 바라보며 꼬리를 흔들던 똥개 버꾸. 담장 구멍 사이로 숨겨 놓은 구슬 주머니 위로 시멘트를 발라진 달밤, 벽돌 밑에 앉아 울고 있던 어린 봉선화. 땅에 떨어뜨린 아이스크림이 서러워 울던 어린 여동생을 업고 품 팔러 가신 엄마 기다리던 전나무 그늘. 눈보다 하얀 달력으로 책가우를 입히시는 아버지의 두툼하신 손이 눈앞에서 아른거리던 새벽. 동상凍傷에 걸려 퉁퉁 부운 손자의 손을 두부 주머니에 시름으로 묶으시던 할머니의 젖은 손

  저만치 지나간 것들이 나와 함께 살러 온다

3부

기억의 저편을 더듬다

남광주 박씨 모텔

원래, 이 세상엔 내 것이란 없고,
소유란 것도 애당초 없었으면 하고 바랐던 적도 있었으나
허虛한 무엇인가가 일어나면
나 또한 무엇인가 갖고 싶다는 생각으로 거리를 걷곤 했다
폭염으로 데인 거리도 저물어서
어둠이 이마 가까이에 내려오면 나는
주머니에 남아 있는 만원 지폐를 만지작거리다
어느 허름한 모텔에서 데인 쉼을 앉혔다
누군가가 남기고 간 매캐한 냄새들의 딱지가
덕지덕지 붙어 있는 방에서
나 또한 금세 냄새에 길들여진 것처럼 생각되었다
나는 창문으로 밀고 들어오는
모텔들의 간판들을 바라보며
인간의 성욕과 죄와 종교, 존재의 허무 따위의 것들을
떠올리다가
나의 존재란 것 또한
그 슬픈 불빛 속에서 사라져 버리는 것은 아닌지
왠지 가슴 한 구석이 쓸쓸해졌다
내 존재의 무의미를 생각하며
꺼놓은 휴대폰을 만지작거리고 있는데
문득, 나의 육체도 어느 때고 다시 흙으로 돌아갈 것이며

다시 어느 식물의 뿌리에 걸렸다가
동물의 위 속에서 꿈틀대다가 어느 누군가의 입으로
다시 들어가 누군가의 피로든 살로든
다시 태어나지 않을까 하는 엉뚱한 상상을 하기도 하다가
또한 내 영혼이라는 것은
지상 보다 더 높은 어느 곳이든
아니면 지상보다 더 낮은 곳이든
어디로든 가고야 말 것이라고 생각이 들어
지나온 나의 날들을 되새김질 하다가
부끄러움이며 어찌할 수 없었다고 생각하는 때 묻은 양심들을 생각하는 것인데
그러나 그 생각의 끝에 떠오르는
어릴 적 강아지의 순한 눈빛과
꽃을 바라보던 첫사랑을 몰래 숨어보던 맑은 내 눈빛과
더러 나를 사랑해서
연애편지를 보내오던 예쁘장한 이웃동네 계집애를 생각하다가
마음 아래께가 따뜻해질 즈음엔
나를 이끌어가는 더 크고, 높은 것이 있을 거라는 백석 시인의
시를 생각하고는

자리에 누웠던 것인데
어둠 속에서 누군가 문 두드리는 소리가 들려와
가만히 창문을 여니
폭염에 데워진 대지를, 가라앉고 있는 외로운 허무를,
밤비가 흥건히 적시고 있었다

π*

π, 너는 3.1415929…의 이름으로 불리지만
나는 머리 없는 기사라 부른다

말을 타고 안개 자욱한 들판을 떠돌아다닌다는 머리 없는 기사,
그 전설의 주인공이 되어 너는
오늘도 바람 속 울음이 되어 머리를 찾아 헤매고 있는가

눈길 위에 찍혀진 무수한 발자국의 꼬리를 밟고서
내 생도 너를 따라 발자국을 찍는다

그 끝없는 꼬리의 행렬 속에서 나 또한
머리 없는 하나의 몸으로 기억되고 있는가

갈망할수록 얻을 수 없는 것들이 이 세상엔 있듯이
어디에서도 찾을 수 없는 머리는
스스로를 어둠 속에 감춰놓고 있는 것만 같다

π, 멈출 줄 모르는 말발굽 소리가 들리는 날이면
내가 남길 생의 마침표를 미리 불러보고 싶다

먹포도빛 어둠 속에서 빛나는 별 하나를 머리로 삼아

* π(파이) : 원의 둘레의 길이와 지름의 비比를 나타내지만 3.1415929…의 끝을 알 수 없다고 한다.

소리로 지어진 마당

 아기 오리 뒤뚱거리듯 바람에 흔들리며 허공을 걷는 나뭇가지의 발. 갈비뼈가 드러난 마른 감나무를 가만히 어루만지는 이른 봄볕. 홍역을 앓은 손자가 내쉬는 가는 숨소리가 겨우 넘어서던 한 뼘 남짓한 문턱. 물 끓는 소리가 마당으로 내려서면 도마 위에서 납작 엎드리던 개구리 울음소리. 불현듯 끊어지는 소리에 놀라 구석으로 도망치는 노란 아기오리의 휘는 발자국 무늬.

 내 안에 살고 있는 소리들이 울고 있는 어린 봄날의 마당. 가만히 들어보면 마른 갈비뼈에 연한 싹 하나 둘 돋아나는 소리가 올라온다.

바다

저 외딴 항구의 술집에 든 사내

겨울나무 옹이 같이 단단한 사내의 손바닥이 기억하고 있는

그 사내의 바다,

태어나면서부터 보아온 아버지의 아버지가 끝없이 이어지고 있는

서방이라는 이름의 그 사내를 한 평생 뺏어간 도둑년 같은

그 사내의 바다,

먼저 간 엄니처럼 밤미디 올고 있는 피도소리에

침묵처럼 의자에 앉아 한없이 깊어지는

바다, 그 사내

얼음 은하

멀리 시린 바다가 보이는 얼음 호수에
가만히 낚싯줄을 드리운다

한 뼘 남짓의 구멍을 파는 일은 어느 먼 우주의 은하를
단박에 건너는 듯 마음이 설레곤 했다

얼음 구멍 하나 뚫는 것으로 이쪽과 저쪽의 세계를
이을 수 있을 거란 생각 하나로

얼음 위에 쌓인 눈이 햇빛에 보석처럼 반짝이는
모습을 밤하늘의 별빛인 양 바라볼 때면

어린 시절, 마루에 앉아 올려다보던
크고도 고요한 별들의 노랫소리가 들려왔다

은하의 저쪽에서 헤엄치고 있는 은어의
싱싱한 지느러미를 상상하면서 하루를 보내곤 하다가

가끔 낚싯줄을 타고 이쪽으로 건너오는
은어의 크고도 맑은 눈을 경이롭게 바라보곤 했다

그러다가 손끝에 걸려오는 기억의 지느러미를 따라
저쪽 어딘가로 꿈결처럼 헤엄쳐 가다가

혼자 앉아 울고 있는 어린 은어를 발견하곤
시려진 가슴이 아려오곤 했다

어리고 약한 나는 밀려오는 작은 물결에도
무섭고도 두려워 몸을 움츠리곤 했으나

이젠 그저 고개를 끄덕이고 받아들이는 것이
하나, 둘 많아진 이 나이에 무심코 다시 바라보는 별들

문득, 오래 전에 잃어버렸던 별자리 하나를
다시 가슴 한 곳에 가만히 그리고 싶다

존재의 본능으로 헤엄치는 은어처럼
나 또한 이 세상을 유영하리라

펄떡거리던 은어는 자신의 별을 찾아
다시 힘차게 얼음 은하 속으로 뛰어들고

내 가슴엔, 다시 빛나기 시작한 어린 별들이
하얀 눈처럼 소복이 내려오고 있다

딱따구리의 집짓기

고향집 부엌에 이제는 울 일 없는
두 뼘 남짓 늙은 딱따구리 한 마리가 있다

빗물에 얕은 웅덩이가 생기듯 파여진
딱따구리의 가슴을 본다

수 천 수 만의 칼날을 받고 또 받으면서 울었을
딱따구리 소리를 듣는다

딱따구리가 집을 짓듯이
어머니는 평생 도마 위에서 자신의 집을 지었던 것인가

구십 고개를 넘는 동안 가슴으로 집을 지으면서
울고 있었을 딱따구리의 집짓기여

저 울음을 넘겨받은 울음들이 다져지는 것을 봐
어떤 설움인들 잘게잘게 부서지지 않겠어

울음 하나로 파여진 저 웅덩이를 봐
붉은 석양도 너그러이 스며들고 있는 깊이

온 몸을 던져 칼날을 받아 내었던
아, 딱따구리의 집짓기여

유리구슬

서역에서 건너왔다는,
왕과 귀족들이 간직했다는 유리구슬을
신라의 고분 박물관에서 본 적이 있다
천년千年을 품고 내려온, 아직도 못 다한
신비한 이야기가 남았다는 듯 큰 눈을 반짝거리고 있었다
만남은 또 다른 만남으로 이어지는가
하얀 목덜미에 혹은, 손목에 끈으로 엮어졌을
둥근 눈빛들이 나를 바라보고 있었다
박물관을 걸어 나와 식당으로 가는 길에
어린 아이들이 문구점에서 유리구슬을
사고 있는 모습을 보았다
千年의 이야기를 하나씩 쥐고서
천진난만한 웃음으로 우주 하나씩을 품는다
아이들의 뒷모습을 바라보니
千年을 건너 온 웃음소리가 들려왔다
햇빛에 목덜미를 드러낸
신라인이, 백제인이, 고구려인이, 서역인이
서로 팔짱을 낀 채 걸어가고 있었다
千年을 다시 하나의 끈으로 엮으려는 듯

흐린 주점에 앉아

어디에도 온전한 소리 하나 내지 못하는 나라는 인간에게 붙어 있는 어린 자식들의 얼굴을 슬프게 바라보다가 술 한 잔을 찾아 흐린 주점 좁은 의자에 엉덩이를 붙였다. 술잔에 비치는 해골처럼 생기가 마른 얼굴을 지워내기 위해 몇 번이고 술잔의 투명을 문지르다가 어느 미술관에서 보았던 해골의 두 눈을 파먹고 날름거리는 붉은 뱀의 혓바닥을 한기처럼 떠올렸다.

진실과 이상을 간직했던 갈비뼈마저 파 먹히고 좀비처럼 일상에서 꿈틀거리고 있는 것은 아닌지, 생의 살점이란 살점은 이미 어디론가 사라져버려 마른 뼛조각만 남아 있는 것은 아닌지, 나는 어깨가 무거워졌다. 잔을 연거푸 들이키다가 건너 편 건물 위에 서 있는 십자가를 바라보았다. 진실과 위선을 수평과 수직으로 가로지른 채 사람들의 눈을 들여다보고 있는 크고 높은 또 하나의 눈. 나란 존재도 저 십자가에 파리처럼 붙어 구원이란 곳에 이를 순 없을까.

거리를 오가는 이들의 굳은 얼굴과 웃는 얼굴을 번갈아 바라보다가 삶이란 어쩌면 저렇게 이질적인 서로의 얼굴을 바라보는 것일지도 모른다는 생각도 하다가 담을 타고 넘어온 한 송이 장미꽃을 아직 내 몸에 붙어 있는 핏덩어리인 양 바라보았다. 사랑하자, 사랑하자, 빛나는 별처럼 어둠마저 사랑하자. 응고된 눈물이 녹아내린다. 마른 뼈 위에 새벽 별빛이 새살처럼 달라붙는다.

카시오페아

W, 그녀의 빛나는 가슴은 나를 기억하고 있을까

그녀의 가슴 위에서 나는
바람에 파닥거리다가 햇살에 놀라 소스라치며 흘러가던
강물의 표정을 바라보곤 했다

사랑이 떠나가던 날에도 나는
그녀의 가슴 위에 누워, 보드랍게 적셔오는 별빛을 바라보며
잔바람에도 온몸을 떠는 이파리처럼 울곤 했다

삶이 외로울 때마다 나는
그녀의 가슴에 기대어 흘러가는 시간처럼
나의 생이란 것도 어디론가 흘러갈 거라고 생각하다가
그 강의 끝 무렵에 만날 어느 먼 은하를 상상하곤 했다

바람은 내가 가야할 곳이라는 듯
지친 머리칼을 연신 은하의 하구 쪽으로 밀어대고 있다

아득한 바다와 뜨거운 사막, 외로운 섬과 갈매기, 잊혀진 항구와 미지의 내륙,

분류되고 분해되는 사랑의 언어들과 낯선 얼굴들의 DNA,
　태어난 곳과 가야할 곳이 마치 숙명적인 것처럼 시어는 자신의 길을
　은하의 가슴 위에 찍어 놓는다

　어느 순간, 나는 흘러가는 은하의 강을 바라보는
　푸른 이파리로 흔들리고

　그 파닥이는 소리가 밀고 올라가는 우주의 바다 위에서
　가끔, 길 잃은 닻별이 온몸으로 운다

0.01mm의 계단

먼지가 쌓인 창을 바라보다가 문득,

0.01mm로 시간이 쌓여가는 계단을 상상해 본다

그러니까, 40억 년쯤 된다고 하는 지구의 시간이

먼지로 층층이 쌓이고 쌓여 다져진다면

한 그루의 나무를 심을 정도의 땅이 되지 않을지

그리고 그 나무의 무수한 잎사귀들 중에서

서로의 몸이 가까스로 맞닿을 정도의 거리에서

그것도 잠깐, 너와 내가 서로의 얼굴을 바라보는 것은 아닌지

쓸쓸히 중얼거리며 창문을 바라봤던 것인데

희미한 창문엔 나를 만나고 싶었다는 듯

몇 광년 쯤 달려왔을 별빛이 눈을 빛내고 있었다

그 순간, 어느 아득히 먼 태고부터 끝없이 이어지는 운명의 실타래에

너와 내가 감기고 있는 것만 같았다

0.01mm로 쌓여가는 너와 나, 인연의 계단이

순간을 영원으로 이어주면서

소나기 지나간 뒤

 쪽빛 하늘을 받아 든 대야 위로 흔들리는 노란 노끈이 대나무 빨래 기둥 양쪽으로 묶여진, 가끔 새 소리가 흔들리는 그림자로 앉았다 가는 넉 자 남짓 빨랫줄엔

 입 앙다문 집게가 달리고
 입 앙다문 집게에 씨눈 같은 물방울 달리고
 입 앙다문 집게에 씨눈 같은 물방울 흔드는 숨결 같은 바람 달리고
 입 앙다문 집게에 씨눈 같은 물방울 흔드는 숨결 같은 바람 좇는 어린 아이의 눈빛도 달리고
 입 앙다문 집게에 씨눈 같은 물방울 흔드는 숨결 같은 바람 좇는 어린 아이의 눈빛 바라보는 하뭇한 엄마 입 꼬리도 달리고

엘리베이터

문이 닫히는 순간, 관 뚜껑이 닫힌다고 생각했을까

사각의 공간에서 낯선 얼굴들을,
움직이기를 망설이는 침묵 속에서 바라보다가
서로의 얼굴에서 찬 얼음을 확인한다

왜 우리는 서로에게 영하의 온도로 서 있는가

눈이 깜박일 때마다 들려오는 어떤 기억들은
죽음의 연장에서 들려오는 마스크와 괴기스런 환상으로
우리를 추운 겨울로 떨어뜨린다

소문들로 부풀려진 일상화된 문장들의 나열이
결국, 어깨와 어깨 사이를 얼음으로 얼리고 만다

…! 3층, 한 침묵이 내린다
…! 4층, 두 침묵이 내린다
…! 7층, 또 한 침묵이 내린다
…! 10층, 두 침묵을 남겨 놓고 한 얼음이 내린다

얼어붙은 내 언어는

문이 열리는 순간, 일상의 말들을 다시 기억했을까

직선화된 침묵의 경계에서
서로에게 영하의 온도로만 존재하는 고독한 섬들

찬 얼굴들이 관 속에서 나오고 있다

천년天年의 하늘을 머리에 이고

화순 운주사로 들어가는 길목에
이제는 닳고 닳아 부처라고 하면 고개를 갸웃거릴
바위 하나가 천년天年의 하늘을 머리에 이고 있다

나붓거렸을 옷자락은 이미 간 데 없고
서쪽 산에서 불어온 바람만
허리 언저리까지 찾아와
옛 기억을 더듬는 듯 사라진 옷자락을 더듬고 있다

구름 한 조각이 잠시 머리 위로 머물다 가고
산새도 아득히 먼 하늘을 더듬다가
서산으로 날갯짓을 하는데

이젠, 옛사랑의 손길도 자취가 없고
숱한 연원들을 품고 찾아오던
天年의 발길이 아득하기만 하구나

귀도 주고 눈도 주고 손발까지 내어 주고서
몸마저 서쪽으로 기울어져가는
거뭇거뭇한 돌부처 하나가
무심한 天年을 견디고 있었다

바람의 암각화

골목 안에 숨어 있던 바람들이 우르르 몰려나와
잔돌을 툭툭 차기도 하면서 눈을 부라리는 저녁 무렵
간판은 떨어져 나와 길 위에 벌러덩 누워 있다

바람은 물을 간질거리고 있는 버드나무 머리칼을 헝클고
곳곳의 냄새를 탐색하듯 킁킁거리며 구석까지 파고든다
풀잎은 바람 손길에 이리 저리 쓰러질 듯 휘청거리고 있다

어둠 속 가로등은 외눈을 깜빡이다가 문득 눈을 뜨고
낯선 이 거리를 이방인의 발길로 서성이는 나는 혹,
아득한 어느 시간에 이 항구도시의 어부가 아니었을까

바람과 동행하며 망망한 바다로 나가던 나의 모습을
예전의 바람이 알아본 것일까, 얼굴을 쓰다듬는
촉촉한 바람의 손이 금방이라도 나를 잡아 끌 것만 같다

파도를 넘어 망망한 바다를 향해 나아가는 어부의 손
바람은 강렬한 눈빛으로 나를 바라보고 서 있다
바위 속, 고래 한 마리 산을 넘어 바다로 헤엄쳐 간다

일상

먹이를 찾아 참새들이 우르르 몰려가고 있다

은빛 꼬리구름이 하늘을 맑게 닦고 있는 오후
내 어깨를 기대던 친구가 이 세상에 갑자기 없다

꽃등은 바람이 불어도 꺼지지 않고 빛나는데
난 시력을 잃어버린 듯 멈춰 서 있다

말을 잃어버린 서투른 침묵으로 바라보는 하늘은
티 하나 없이 푸르기만 한데

간혹 켜지곤 하는 生의 짧은 기억에
조등照燈 같은 댓글 한 줄 달지 못했는데

먹이를 찾아 참새들이 우르르 몰려가고 있다

박쥐

 창문 밖으로 찬바람이 휘감은 나뭇가지의 길이는
 두 팔을 벌린 손끝과 끝의 거리만큼 정도였으나
 마른 잎들이 박쥐처럼 매달려 지르는 소리는
 그 거리를 가뿐히 뛰어넘는 크나큰 진동으로 울리고 있
었다
 겨울에도 떠나지 못하는 박쥐들의 날갯짓 소리는
 찻집의 투명한 유리를 통과하지 못하고
 유리창을 마주한 서로의 그리움이 비치는 투명에서
 들려오는 윙윙거리는 울음소리를 들었던 그 시각에 나는
 그리움에 떨고 있는 그대의 진동수를 느꼈던 것인가
 박쥐 한 마리가 유리창을 전신으로 껴안고서
 단 하나의 이름을 들려주고 있었다
 내 안에서 들려오는 크나큰 그리움들은
 모두 소리의 한계를 넘어 아득히 날아가고 말았는가
 그대의 그리움을 부여잡고서
 내 한 잔의 그리움을 출렁이는 술잔에 붓는다
 나를 지켜보던 박쥐는 다시 아스라한 가을 뒷골목으로
 소리 없이 날아가고, 그때서야 나는
 초음파*로 날아온 그대의 음성을 해석해 낸다
 식도를 가르는 알코올 소리가 아득히 날아가고 있다

* 초음파 : 진동수가 1초 동안에 약 20,000Hz 이상이어서 사람의 귀로는 느끼지 못하는 음파.

소리를 찢다

소리를 감추어 놓은 나무의 속살이
마지막까지 잡고 있던 침묵의 손을 놓는 순간에
쏟아져 나오는 소리의 알갱이들이 허공으로 튕겨져 나오고,
그 속살 위에 세상의 흔적인 듯 붙어 있던 검은 언어의 엉덩이도
마침내 해탈 아니면 허탈의 근방에서
들썩이다가 해체되었다

해체된 까마귀 울음소리, 가슴을 찢다

공존

인도 바라나시 '강가(ganga)'엔
죽음을 나누는 사람들이 살아간다

타버린 주검이 흘러가는 강

삶과 죽음이 서로
얼굴 맞대며 흘러가는 강

배 위에선 서로의 죽음을
나누는 사람들이 삶을 축복하고 있다

그리고 저마다 자신들의 주검을 떠나보낸다

안개 속에서 종소리가
아득하게 들려오는 것만 같다

욕망에 뒤틀린 얼굴이
깊은 강의 호흡 속으로 가라앉고 있다

봄비

 툇마루 한 귀퉁이에 앉아 이른 아침부터 대지를 토닥거리는 빗방울을 무심히 바라보았다. 오른쪽으로 기울어져 있는 배수구를 따라 빗물은 가장 아래쪽까지 흘러와 먼저 온 이들부터 떨어져 내렸다. 홍역을 앓아 뼈만 남았다는, 헌 담요 하나만 걸친 내 몸이 그 소리에 흔들리고 있었을까. 빗소리에 파이는 마당의 한쪽엔 비를 피해 꽥꽥거리는 오리와 어미닭 곁에 있는 병아리들이 이따금씩 물기를 털어내는 그 옆으로 꼬리를 살살 흔드는 '버꾸'가 젖은 마당을 바라보고 있었다.

 비닐을 우비인 양 싸매고 나가신 아버지, 그 등이 도랑을 막고 논으로 물길을 트시는 모습은 아득하고 대문 앞, 전나무에 꽂힌 노란 부고장이 비에 젖어 눈물을 떨어지는 것을 바라보고 있노라면 왠지 서럽고 슬퍼지기까지 했다. 창호지 문틈을 타고 들려오는 할머니와 고모의 낮고 조심스런 음성에 내 가늘고 약한 목숨이라는 것이 하양 죄송스럽고 송구스러워서 노란 부고장 속 이름으로 들어가 아무 곳이나 꽂혀지고 싶었다.

 살고 싶다, 살고 싶다, 살고 싶다고 콸콸거리는 빗소리가 내 슬픔보다도 더 크게 울고 있는 것만 같았다. 나는 쿨

력, 온몸이 자지러지는 공포와 두려움에 사로잡히다가 이내 핑, 눈이 뜨거워져 한참을 고개 숙여 울기도 했다. 그러다가 그 서러움이 조금씩 누그러지면 눈을 가만 들어 파릇하게 올라오는 감나무 잎과 노란 부고장 위에 파릇한 싹이 돋아나 있는 것을 희망처럼 가만히 끌어안았다.

4부

너에게 닿고 싶다

36.5°

너에게로 가고 싶어
나를 바라보고 있는 창문 저편의 너를 향해
앞을 가로 막는 차가운 투명의 거부를 넘어
하얀 내 몸이 와글거리며 가고 싶어
내 체온은 슬픈 영하의 온도
너의 36.5°에 닿으면 속수무책으로 내 온도의 이름은
사라지고 말테지만
너에게로 가고 싶어
네 온도에 닿기만 하면 내 영혼은 연기로도 피어오르지 않고
다시 물빛으로 태어날 테니
너에게로 가는 길을 열어줘
너에게 닿지 못한 1cm 두께의 저편에서
내 하얀 몸부림이 무너져 내리고 있어
하지만 이것만은 알고 있시
부서진 내 몸이 숱한 인연의 수레바퀴를 돌고 돌아
어느 때고 너의 온도에 닿으리라는 것을
그리하여 마침내
너의 36.5°를 품은 하얀 내 전체가
반짝이는 한 방울의 눈물로 흐르리라는 것을

영혼의 유전자

사슴이 풀을 뜯고 그 사슴을 사자가 먹고
그러니까, 유전자의 유전자를 유전자가 소화시키는 것인데

소처럼 뚜벅뚜벅 걷기도 하는 발걸음에서
돼지처럼 먹기도 하는 유전자도 있는 것은 아닐까

이따금 닭처럼 홰치는 목소리로 싸움을 하는 모습에서
유전자들의 다른 삶들이 사뭇 궁금하다

먹이사슬로 올라가는 그 많은 유전자들이
몇 마리씩 혹은 수십 수억 개씩 내 몸속에서
다른 모습으로 살고 있는 것만 같다

유전자가 유전자를 먹고 그 유전자가 다시
유전자를 뱉어내는 생의 수레바퀴

生이 다시 흙으로 돌아가는 날에
우리의 영혼은 무엇을 남길 것인가

시인의 유전자처럼 남겨진 시집 한 권이
시린 어둠을 밝히는 등불처럼 빛나고 있다

비양도

거친 바다를 대패질하듯 깎아내고 있다

귀를 마구 후비고 가는 바람의 날

삶은 언제고 아프게 깎여야 하는 것일까

서슬 푸른 칼날이 연신 몰아치고 있다

헛된 욕망들도 톱밥처럼 흩어질까

뼛속까지 깎아대는 소리가 싯푸르다

붉은 달

물드는 순간, 붉은 달의 족속으로 태어난다

그러니까 아득히 오래전 어둠 속에서 고개를 내밀던
붉은 달을 사랑하던 족속이 있었던 것이고

그 족속 중에 붉은 달을 품고 사랑을 기다리던
아름다운 여인이 있었던 거다

마침내 사랑하는 짝을 만나
들판을 물들이고 산을 물들이던 붉은 여인이

까마득한 시간을 아득히 건너 뛰어
예정된 운명의 운행을 돌고 돌아온 듯

다시 내 앞에서 붉어지고 있는 것이다
그대와 내가 마주보며 붉게 웃는 이 순간에

바다로 돌아간 부음訃音

버려지는 순간, 무덤이 되기에 알맞은 방

어둠 속에서 고개를 내민 소라게는
몇 번의 망설임 끝에 맺히는
눈물을 운명이라 이름 짓는다

어떤 기억은
너무 아득하고 멀어 눈을 깜박일 때마다 사라져버린다

어둠 속에서 발을 내딛다보면

오래전 바다의 출렁임과
 사랑을 기다리던, 새끼를 낳고 가정을 이루는 예정된 일상의 꿈들을 발견한다
 아직은…
 마침표를 찍어버리지 않기 위해 온몸으로 소리를 내는 외딴 방
 버려지는 것은 그저 우연일 뿐, 사소한 일일 뿐

 흘러간 바다와
 흐르고 있을 바다와

여기에 있는 나의 바다는 모두 같은 빛깔로 기억된다

어둠아, 나의 생은 어디로 갈까

나는 종종 실종되었다는 생각에 시달린다

가로막힌 길 앞에서
잊혀진 존재가 되어 말라갈 고목나무처럼
나는 나의 존재에 관해 대답해야 할 것이나
살아 있다는 이 느낌이 두려워지는
감각의 파동은 왜 혼자 있을 때에만 나에게 도달하는 것일까

바다로 돌아간 부음을
미리 듣는, 참 쓸쓸한 외딴 방

소리통로

목련 나뭇가지에 모여든 새들이
하늘을 올려다보며
가끔, 크게 울음 우는 것을 본 적이 있다

그 울음이 혹, 우주의 신호를
단박에 알아챈 새들의 소리가 아니었을까

 저 깊고 깊은 바다 밑엔
 수 천 수 만 킬로미터의 거리를 단숨에 건너뛰는 소리통로라는 것이 있어
 그 먼 거리에서도 서로의 사랑을 주고받는다는
 고래들을 생각한다

 그러니까 저 우주에도
 까마득한 거리를 단박에 뛰어 넘는 소리통로라는 것이 있는 거다

 그래서 네가, 네가
 눈물로 나를 부르는 날이면 내 가슴이 이토록 저려오는 것이다

우주보다 짙푸른 빛깔을 가진 깊고 깊은
그리움의 심해에서
한 마리 고래 울음소리가 내 가슴을 울리고 있다

그리움의 끝과 끝을 단박에 이어주면서

필라멘트

활, 타오르다 사그라지는 성냥불처럼
마지막 순간, 너는 가장 환한 빛이었을 것이다

너는 찬 눈빛으로 어둠을 응시하고 있었다

치열하게 자신을 태워 불을 밝히던
한 생명의 긴 침묵을 나는 바라보고 있는 것이다

  진공 속에 남아있는 필라멘트, 그 가느다란 탯줄을 감고 올라간
  어느 시간의 언저리에서 나는 너를 보았다

언제나 너의 자리에서 뜨거움을 견뎌내던, 그리하여
마침내 환한 불빛이 되리라 여겼던 맑은 눈빛 그 한 사람

필라멘트, 그 한 불빛이 살았었다, 참 환하게

소리의 운행運行

맥脈 소리 하나 가져다가 손가락 하나 만들었을까

자궁 속에서 들었던 온갖 소리들이
내 피와 살을 만들고 생의 뼈대를 세웠을 거라고
한밤, 고요 속에 깨어나 생각해 본다

내 안으로 들어온 소리의 뭉치들이 세상을 향해 쏟아져 나온 이후로
소리의 일부가 된 나는
때론 말랑말랑한 소리와 딱딱한 소리와 뒤섞이기도 하며 자랐을 것이다

그렇게 소리와 소리 속에서 만남과 헤어짐을 반복하다가
내 안에 머물던 피와 살이 하나 둘 나를 떠나가고
단단하던 뼈대도 삐걱거릴 즈음에 나는 어렴풋이나마 알게 될까

나를 떠나간 소리들이 잔해가
바다로 들어가 어느 물고기의 등뼈가 되기도 하고
혹은, 하늘로 날아가 먹이를 좇고 있는 독수리의 깃이 되기도 한다는 것을

내 안을 채우던 우주의 소리가 다시 내 안과 밖으로 돌고 돌아
 또 어느 누군가의 생과 만나고 있음을, 고요 속에서
 예전에 들었던 맥 소리가 다시 들려오는 듯

 한밤, 자궁 속을 비추는 별빛 소리가 굵어지고 있다

별빛의 무게

바람이 불 때마다 나뭇가지에 걸린 빈 비닐봉지는
그 요란하고도 허기진 소리를 내 앞에 쏟아놓는다

잠시 머물다 간 인연의 흔적은
아직 거리를 유지하고 있는 끈 속에 머물러 있기도 할 것 같은데
남겨진 빈 봉지엔 바람만이 증인처럼 떠돌 뿐이다

찾아온 인연의 무게는 속까지 들어와 생살을 찢어놓건만
그 찢김조차 어쩌면 사랑이라고 다독거리고 있는 것인가

운명처럼 만나 몸을 섞고 내일을 꿈꾸었을 무게의 기억들
그 몇 번의 만남을 지나올 때
붙잡아도 머물지 않는 떠남을, 너는 어떻게 긍정했을까

머물다 지나간 숱한 무게의 이름을
오래 전에 배운 바람의 울음으로 부르고 있는 것만 같다

빈 하늘을 점령하고 있는 어둠을 찢고
하염없이 쏟아져 내리는 별빛의 무게를 품고 있다

점프를 하다

허공 위, 나뭇잎은 가지 끝에서
잔뜩 움츠리다가 한 순간 몸을 던진다

세상에서 가장 아찔한 점프,
저마다의 표정을 지니면서 바람을 안는다

뜻하지 않은 바람 등에 업혀
더 먼 낯선 곳에
발 디딜는지도 모르는 일

그런데도 저마다 편안한 내리막길
저마다의 얼굴 위에서 튕겨지는 햇살들

生의 해가 저물고
결국은 이렇게 한 순간 몸 던질 것을 알면서도
하늘만 바라보며 균형을 잡은 푸른 떨림들

미끄러지듯 쏟아지는 중력을 타고
잠깐 잠깐 빙글빙글 돌면서 뒤돌아보기도 하다가

마침내 흙에 입 맞추는
세상에서 가장 아름다운 착지

가을 찻집에 앉아

빛나는 황금 깃털을 가진
가을 햇살의 부리를 바라보고 있다

그 긴 부리가 쪼아놓은
산과 들판의 나뭇잎의 볼이 붉어져 가는

붉은 노을 속에서 잠시 그대를 떠올렸던가

뜨거운 사랑에 몸져눕던
열매의 알몸들

옛사랑의 그림자가
더러는 눈물로도 튀어 오르고,

잎사귀마다
떨어져 내리던 무거운 햇발들

빛나는 황금 열매는
태반이 뜨거운 눈물로 지어진 것인가

철든 열매가 익어가듯

여물어가는 가을처럼 깊은 사랑

눈썹을 내리깐 저물녘에
산새가 가만히 날아오르고 있다

그리움의 살갗

은행나무 얼굴이 가을 햇살에 노랗게 물들 때면
문득, 나도 가을에 물들고 싶다

오래도록 눈길 주지 않던 배낭을 짊어지고
먼지가 내려앉은 운동화를 탈탈 털고서
짙은 햇살 속으로 떠나고 싶다

길가에 핀 꽃잔디의 분홍빛 얼굴도 들여다보고
둥글게 허리 휘어지는 강물도 벗처럼 바라보면서
느릿느릿 시간을 흘려보내다가

서산 너머에서 날개를 편 노을이
하늘의 끝자락까지 붉은 옷자락을 드리우면
외로운 내 발길도 그 그리움의 끝자락까지 걷고 걸어
그대의 가을 영혼에 닿고 싶다

그 가을, 그 은행나무처럼
내 그리움의 살갗을 노랗게 물들이면서

소금사막

어느 나라의 국경 부근엔 세상에선 가장 넓은 소금 사막이 누워 있다지. 안데스 고원에서 불어오는 바람이 고들고들 말려지는 그 곳엔 외로운 영혼들이 길을 잃기도 한다지. 수천 년 된 선인장들의 가시가 지금도 노를 젓고 있는 소리가 들려온다는 어부의 섬이라는 곳엔 외로운 영혼들이 꾸역꾸역 모여 든다지. 그 멍든 영혼들이 함께 살아가고 있다지. 바람이 불어올 때마다 그 푸른 소리가 외로운 사막을 넘어서곤 한다지.

푸른 별로, 홀로된 누이의 하늘에 들린다고도 하지.

교실 문을 열다가

교실 문을 열다가 잠시 숨을 고른다

얼마나 나는
이쪽과 저쪽의 경계를 넘어 왔는가

나의 지식의 높고 낮음이
때론 절망과 한숨에 빠져 허우적거릴 때
나의 팔을 잡아주던 푯대를 기억한다

희망 같은 아픔을 지닌 제자들의 눈빛을 보아왔다

세상에 나가 사람답게 살아라!

언제나 희망을 말하지만
장담하지 못하는 선 위에서 머뭇거리곤 했다

사람답게 살아가는 일을 가르치는 일은
또 얼마나 어려운 일이냐!

나를 기다리고 있는 눈빛들이
나를 때리는 가장 매서운 채찍이었다

매운 문을 열어 경계를 넘어가야 하는 시간

작은 배 한 척이 돛대를 세우고
아득한 바다로 나아가고 있다

매미

울음소리가 달팽이관을 비집고 들어왔다

한밤, 나무를 타고 기어오른 매미처럼
가난에 붙어 올라가던 한 여인의 삶이
엉덩이 크기만큼 차지한 시장 바닥,
안주머니에서 찰랑거리던 동전들이 쏟아질 때
매미는 어린 것들을 껴안고
낮은 포복자세로 삶의 바닥에 웅크렸으리

닳아진 손가락과 손가락으로 넘어가던
낡은 지폐의 나지막한 한숨 소리
뜨거운 여름, 꾹꾹 참았던 울음 뱉어낸다는 것이
가끔은 한탄으로, 또 가끔은
온몸이 울음으로 흔들리기도 했으리

그렇게 낡은 울음이 더 낡은 울음을 넘기다가
마침내 달팽이관에 납작 엎드린 울음이 되어
차가운 가을로 떠나가고 있으니

울음의 껍데기만 올곧이 세워두고

봇짐

봇짐을 품에 안고 온 동네를 몇 시간째 헤매시는 노인이 있다는 말에
　오 순경은 모자를 쓰고 나선다

　— 할머니, 할머니 이름이 어떻게 되세요?
　— 몰러, 몰러
　— 할머니, 할머니 어디가세요?
　— 딸애한티, 딸애한티
　— 할머니, 따님이 어디계신대요?
　— 몰러, 몰러

오 순경은 산부인과 병원 601호의 문을 열었다

　— 엄마!
　— 아가, 아가, 이거 먹어라, 이거

봇짐에선, 품어 온 미역국과 쌀밥이 아직 따뜻하다
딸의 울음소리를 들으며 오 형사는 모자를 깊숙이 눌렀다

등판화

아파도 울지 않았다죠
더 이상 울음 같은 건 사치라는 듯
꾹꾹 눌러 참았다고 하죠
회초리가 금을 긋는 등엔 싯푸른 잡초가 삽시간에
자랐다고도 하고 붉은 홍시가 바닥에 떨어져 터지듯
쩍 갈라지기도 했다고 하죠
그런데도 울지 않았다고 하죠
아니, 오히려 울긋불긋한 등을 굽혀
"사랑해요"라고 했다죠
소름이 돋았지요, 이제는 더 자라지 않을 매운 잡초들의 대가리를 보며
깊은 곳에서 울음이 쩍쩍 갈라졌지요
아파서, 아파서
이제는 키가 더 자라지 않을 잡초들을 등에 지고
아이는 어디로 가고 있을까요
어느 아득한 나라에서 아름다운 꽃을 피우면
아름다운 나비도 불러 모으겠죠
나도 나비가 되어
그 나라를 찾아가고 싶어요
꽃 위에 앉아 사랑한다고 말해주고 싶어요
등판 위에 스며드는 눈물처럼
그리고 햇살처럼

제비나라

 할머니 손길이 차가워진 고향집 처마엔 더 이상 제비가 깃들지 않는다

 우즈베키스탄에서 날아온 고려인 박세이게르 씨는 경기도 안산 쪽방촌 방 한 칸에 둥지를 틀고 있다 기회의 땅, 할아버지는 고향을 제비나라라고 부르며 머나먼 남쪽 하늘을 바라보곤 했다고 한다

 할머니는 쫙쫙 입을 벌리고 먹이를 받아먹던 어린 제비들의 뜨거운 소란을 웃음으로 받아주시곤 했다

 연방이 해체된 소련은 더 이상 고려인 제비들을 품어 주지 않았다 러시아로 쫓겨 간 제비들은 다시 남쪽인 제비나라를 향해 날아왔다 백여 개 다가구주택이 층층이 늘어선 안산 쪽방촌 땟곰 벽에는 이십여 개의 두꺼비집이 매미처럼 달라붙어 있다

 어느 해인가는 제비 한 가족이 더 들어 할머니는 처마 밑에 서 계시는 시간이 많아졌다

 3D업종이라 불리는 작업장 한쪽엔 중국계, 러시아계 제

비들이 모여 검은 노동으로 제비나라의 하루를 받치고, 별을 보고서야 퇴근이라는 걸 하는 제비들 사이로 박세이게르 씨는 절름거리는 다리로 쪽방 제비집에서 하루의 숨을 붙인다

　왕거미들이 터주대감처럼 진을 치고 있는 고향집엔 더 이상 제비 한 마리 날아들지 않고

　어린 제비의 눈방울을 떠올리며 할아버지의 고향, 제비나라에서 날마다 지저귀던 절름 제비가 어느 날 없다 추방된 러시아계 제비가 살았던 땟골 삼거리 어느 쪽방엔 다그닥 다그닥 찢긴 벽지가 문틈으로 울고

　고향집 처마엔 텅 빈 제비집에 붙은 마른 지푸라기만 할머니 눈썹처럼 남아 바람에 떨고 있다

■ 해설

삶에 대한 명상을 통한 생명에의 경외감

허형만

시인, 목포대 명예교수

　마르셀 레몽은 "시는 언어에 대한 명상보다는 삶에 대한 명상에서 훨씬 더 귀중한 자양분을 얻는다는 것이 사실인 것이다. 그렇지만 언어에 대한 명상은 필요한 것"이라고 말했다. 그렇다. 사실 시는 언어에 대한 명상과 삶에 대한 명상이 조화를 잘 이룰 때 좋은 시, 새로운 피로 소생한다. 강대선 시인의 시를 읽노라면 마르셀 레몽의 말이 떠오를 만큼 감동의 물결이 일곤 한다. 그 이유는 아마도 강대선 시인만이 품고 있는 언어에 대한 명상 못지않은 삶에 대한 명상과 생명정신, 즉 생명에의 경외감이 가슴을 치기 때문일 터이다.

　　문득, 내 몸이 들었던 것일까

　　아파트 돌아가는 길목, 장막 친 그늘이 밀고 들어오는 땡볕을 악 다문 입술로 방어하던 그 변경邊境의 주변, 감나무에 앉은 까치 울음소리가 홍시 그림자 물고 가는 개미허리에 살짝 얹히던 근처, 쫘르르 검은 콩이 쏟아진 겨울 시루 밑에서 씨눈 같은 별빛 바라보던 그 고요의 자리에서

　　이제 막, 바람을 털고 있는 여린 꽃잎
　　　　　　　　　　　　　　　　　　　—「진동소리」전문

시인에게 몸의 안/밖이 경계를 허물고 동시에 하나가 된다는 것은 참으로 행복한 일이다. 강대선 시인은 이러한 행복감을 "이제 막, 바람을 털고 있는 어린 꽃잎"의 진동을 "문득, 내 몸이 들었던 것일까"하고 자신에게 묻는다. 아니, '묻는다'가 아니라 들었음을 은근히 암시한다. 어디에서? 바로 "고요의 자리"에서. 그 고요의 자리는 "감나무에 앉은 까치 울음소리가 홍시 그림자를 물고 가는 개미허리에 살짝 얹히던 근처"이며, "좌르르 검은 콩이 쏟아진 겨울 시루 밑에서 씨눈 같은 별빛 바라보던" 자리이다. 이 고요의 자리에서 듣는 진동소리는 지상에서 가장 정밀한 순간에 시인의 예리한 촉수에 잡힌 우주의 숨결에 다름 아니다.

그러면 고요란 시인에게 어떤 존재인가. 시인은 고요를 만난 적이 있다고 말한다. 그때는 바로 "밤새 내린 눈이 그치고 구름 사이로 아침 햇살이 이제 막 어른거리는 시간에/경건하게 서 있는 나무들이 하얗게 세상을 받쳐 들고 있는 그 때에// 그 잔가지 위에 살짝 얹혀지는 바람 한 줄기, 그 무게로 인해 늦게 떠나온 어린 눈들이/앉아 쉬던 발이 살짝 미끌린 듯 사르르, 내 이마 위로 떨어지고 있었"(「고요의 자리」)을 때였다고. 그리하여 그 고요의 자리는 곧 "무념無念의 자리"라고 믿는다. 이처럼 고요의 자리가 무념의 자리라는 믿음은 "삶과 죽음이 서로/얼굴 맞대며 흘러가는 강"(「공존」)과 다르지 않고, "그러니까 저 우주에도/까마득한 거리를 단박에 뛰어 넘는 소리통로라는 것이 있는 거"(「소리통로」)라고 믿는 것과도 다르지 않다. 그리고 보면 시인에게 고요란 단순한 명상의 바탕이 아님을 알 수 있다. 그것은 생명을 생명으로서 생명답게 보게 하고 듣게 하는, 시인만이 느끼는 또 다른 신비가 아닐까. 다음의 시는 그걸 증명한다.

    햇볕이 들지 않는 골목길 외진 곳

    홀로 피어난 들꽃을 보다가
    한순간, 눈시울이 뜨거워졌다

    들꽃은 홀로 도움닫기 연습을 하고 있었던 걸까

    손가락 두 마디만큼 높이에서 꽃을 피운
    들꽃의 숨 고르는 소리를 듣는다

    이런 외진 곳에 어떻게 피었느냐

    꽃잎은 온기처럼 날 보며 웃는다
                                   ─「도움닫기 2」 전문

시가 당연히 지니게 되는 신비성, 영혼의 신비성을 강대선 시인은 감각적으로 받아들이고 있다. "햇볕이 들지 않는 골목길 외진 곳//홀로 피어난 들꽃을 보다가/한순간, 눈시울이 뜨거워" 진 것은 누구나 가질 수 있는 감정이고 상황이다. 그러나 강대선 시인은 그 '누구나'가 안 되기 위해 영혼의 신비로운 소리를 듣는다. 바로 "손가락 두 마디만큼 높이에서 꽃을 피운/들꽃의 숨 고르는 소리"이다. 도움닫기란 기계 체조의 뜀틀 운동에서, 손짚기의 시간을 조절하고, 멀리 그리고 높이 뛰려고 일정 거리에서 발구름판까지 달려가는 일 아니던가. 들꽃이

"두 마디만큼 높이에서 꽃"을 피우기 위해 숨 고르는 그 순간의 소리를 듣기가 어디 쉬운 일인가. 그 소리를 듣고 "한순간, 눈시울이 뜨거워"지지 않는다면 참다운 시인이 아닐 터.

이처럼 강대선 시인은 생명의 신비를 듣는 것만이 아니라 보기도 하거니, 다음의 시조가 그렇다.

> 노란개나리가 시원한 오줌발로 쏟아져 내려오고
> 그 위에 앉아 있던 햇살도 휘움하게 쏟아져 오는 아침결
> 마루에 늙은 지광이 홀로 앉아 한갓지게 바라보고 있다
>
> 꽃잎 열 듯 허죽 웃을 때마다 드러나는 빠진 앞니 사이로
> 움돋이 하듯 혀끝을 장난삼아 쑥 내밀어 햇살 간질거리면
> 곱다시 노란 꽃잎이 봄볕에 새시로 돋아날 것만 같다
> ―「개나리 오줌발」 부분

전체 네 수 중에서 앞부분 두 수이다. 강대선 시인은 이 시집 안에 시조도 상당수 함께 선보이고 있는데, 모두 수작들이다. 특히 이 작품은 봄날 개나리가 움트고 피어나는 광경을 세밀하게 묘사하면서도 오히려 따뜻하고 포근한 인상을 갖게 하는 힘이 있다. 그 이유는 물론 시인의 직관력과 함께 생명에 대한 신비를 온몸으로 느끼기 때문이다.

첫수에서는 개나리가 "시원한 오줌발로 쏟아져 내려오"는 모습과 "햇살도 휘움하게 쏟아져 오는" 광경이 조화를 이루면서 우주가 각각이 아닌 하나임을 보여주고 있다. 아니, 보고 있다. 그런데 더욱 놀라운 점은 종장에서 홀로 앉은 노인이 이 광경들을 "한갓지게 바라보고 있"다는 객관적 상관물의 도입이

라는 점이다. 그러니 결과적으로는 개나리와 햇살과 노인이 모두 우주 속의 하나임을 보여준 셈이다. 아니, 이 또한 시인이 보고 있다. 이만한 생명에의 경외감이 또 어디에 있단 말인가. 둘째 수 역시 초장에서부터 개나리와 노인의 동일화가 이루어지면서 중장을 거쳐 종장에 이르러 노인은 이미 노인이 아니라 "봄볕에 새시로 돋아날 것만 같"은 개나리 노란 꽃잎과 같은 새 생명의 잉태를 준비하는 생의 희망에 다름 아니다. 이처럼 듣고 보는 생명의 신비로움은 순천만 갈대밭에서 "수 천 수 만 번, 바람에 깎여졌을 소리들이/또 하나의 울음을 만들고 그 울음 넘겨받은/울음들이 어느덧 바다로 흘러간다"(「또 하나의 울음으로 넘겨지면서」) 고 통합적으로 인식하기도 한다. 이러한 인식은 사람에게서도 참 따뜻한 시선과 삶에 대한 성찰로 드러난다.

낡은 탁자가 막걸리 한 잔을 받아 든다

오래된 이야기 같은 할매가
고구마 세 개를 입가심하라며 풀어 놓는다

-한 잔 하세요, 할머니
-지비나 많이 잡사

혼자 왔냐며 오래된 벗처럼 하뭇하게 웃으신다

-남광주시장에서 얼마나 닳아지셨소?

친구와 함께 막걸리 잔을 비우고 있을 때
앞 탁자에 앉은 일행 중 한 명이 뭉툭하게 묻는다
-얼마 안 디야, 아덜이 이제 예순잉께

투박해서 맑은 목소리가
사발에 그윽하게 담겨지고 있다

—「영남집」 전문

  영남집은 광주광역시 남광주 시장 안에 있는 식당 이름이다. 이 식당의 주인은 "아들이 이제 예순잉께" 하고 말하는 것으로 보아 나이가 상당히 드신 "오래된 이야기 같은 할매"로서 이 시장통에서 온갖 풍상을 다 겪었을 법하다. 그러기에 "한 잔 하세요, 할머니"하고 권하는 것도 "지비나 많이 잡사" 하며 다정스럽게 뿌리치실 줄 아는 것이다. 더욱이 그 할머니가 "하뭇하게 웃으신다"는 표현에 따르면 곁에서 보지 않아도 매우 흡족해 하는 웃음이 금방 떠오를 만큼 다정다감하신 분이고, "투박해서 맑은 목소리가/사발에 그윽하게 담겨지고 있"는 것으로 보아서도 인정이 얼마나 많으신 분인지 금방 알 수 있겠다. 특히 이 시는 "지비나"(집이나, 즉 '당신이나'의 뜻), "아덜이"(아들이)와 같은 영남집 할머니의 구수한 사투리가 할머니의 성품을 고스란히 대변해주고 있다는 점에서 강대선 시인 또한 그러한 성품의 소유자라는 점을 알 수 있게 한다. 다음 작품은 또 어떤가.

    고라니 같은 동물들은 무리에서 낙오되지 않기 위해
    고통을 드러내지 않는다고 하지

그래서 상처를 보듬고 평생을 산다고도 하지
조금 아파보이는 것은 거의 죽을 만큼 힘들다는 거지
그러니까 보이는 것보다 보이지 않는 고통이
어쩌면 그의 본질인지도 모르지
내가 아는 어떤 시인 형님도 그렇지
겉으론 아무렇지 않는 듯 웃어도
속은 암과 싸워나가는 고통으로 비명을 지르지
암담한 두려움에 가끔 눈물도 흘리지만
항상 괜찮다며 둘러대지
어느 날에는 반질거리는 율부린 머리로 깎고
또 어느 날에는 비쩍 마른 겨울나무가 되어 서 있지
오늘도 엷은 웃음으로 나를 보고 있지만
나도 모르게 눈물이 어리는 것은
알기 때문이지, 그 고독한 싸움을, 생의 눈빛을
―「율부린리」 전문

  암으로 고통 받고 있는 "어떤 시인 형님"에 대한 연민의 정이 잘 드러나 있다. 그에 대한 연민의 정은 암 치료 받느라 머리를 깎은 모습을 〈대장 부리바〉〈왕과 나〉로 유명한 러시아 태생 미국 헐리우드 배우 율부린 머리에 빗대거나 "비쩍 마른 겨울나무"에 빗대면서 안쓰러움으로 대신하고 있다. "속은 암과 싸워나가는 고통으로 비명을 지르"면서도 고라니의 생태적 삶을 떠올리는 것 또한 강대선 시인만이 품고 있는 성품이기에 가능한 것으로 보인다. 남의 아픔, "암담한 두려움에 가끔 눈물 흘리"는 그를 보며 "나도 모르게 눈물이 어리는 것은" 바로 생명에의 경외감이 본바탕에 잠재해 있기 때문이 아니겠는가.

장난 심하신 작은형이
　　어머니 젖을 그냥 만져본다
　　급습을 당한 어머니

　　─에쿠, 이놈아!

　　등짝을 맵게 후려치시는 시늉을 하신다
　　그 순간이었을까, 발갛게 달뜬 처녀의 가슴이 살짝 보인 것은

　　─만졌다고 닳아지요, 어쩌요?

　　너스레를 떠는 작은형 뒤에서
　　아버지도 허─, 짐짓 모른 체 하시며
　　달뜬 처녀 가슴을
　　가만 훔쳐보셨을 것도 같고
　　　　　　　　　　　　　　　　　─「명절의 표정」 전문

　명절날 온 가족이 모인 자리에서 작은형의 짓궂은 장난으로 한바탕 웃음바다가 되었을 광경이 선하다. 거기에 작은형으로부터 "급습을 당한 어머니"의 자애로우신 모습과 그 광경을 보시고도 짐짓 모른 체 하시는 아버지의 표정도 함께 명절 분위기를 띄우는 듯하다. 가족이란 이렇게 따뜻한 것이다. 그러나 이 따뜻한 가족의 분위기 속에서 시인은 어머니의 "발갛게 달뜬 처녀의 가슴이 살짝 보"였다는 반전을 통해 어머니의 처녀적 모습을 그리고 있다. 거기에 "달뜬 처녀 가슴을/가만 훔쳐보셨을" 아버지의 마음도 살짝 얹어 놓음으로써 한 여인의 삶을 통찰하고 있음을 본다. 특히, 다 늙은 자신의 젖을 "그냥 만

져분" 아들에게 "등짝을 맵게 후려치는 시늉을 하"시는 어머니와 "—만졌다고 닳아지요, 어쩌요"하고 능청떠는 아들을 통해 모자지간의 끈끈한 사랑 또한 독자로 하여금 웃음을 자아내게 함으로써 시 읽는 재미를 만끽하게 한다.

어디에도 온전한 소리 하나 내지 못하는 나라는 인간에게 붙어 있는 어린 자식들의 얼굴을 슬프게 바라보다가 술 한 잔을 찾아 흐린 주점 좁은 의자에 엉덩이를 붙였다. 술잔에 비치는 해골처럼 생기가 마른 얼굴을 지워내기 위해 몇 번이고 술잔의 투명을 문지르다가 어느 미술관에서 보았던 해골의 두 눈을 파먹고 날름거리는 붉은 뱀의 헛바닥을 한기처럼 떠올렸다.

진실과 이상을 간직했던 갈비뼈마저 파 먹히고 좀비처럼 일상에서 꿈틀거리고 있는 것은 아닌지, 생의 살점이란 살점은 이미 어디론가 사라져버려 마른 뼛조각만 남아 있는 것은 아닌지, 나는 어깨가 무거워졌다. 잔을 연거푸 들이키다가 건너 편 건물 위에 서 있는 십자가를 바라보았다. 진실과 위선을 수평과 수직으로 가로지른 채 사람들의 눈을 들여다보고 있는 크고 높은 또 하나의 눈. 나란 존재도 저 십자가에 파리처럼 붙어 구원이란 곳에 이를 순 없을까.

거리를 오가는 이들의 굳은 얼굴과 웃는 얼굴을 번갈아 바라보다가 삶이란 어쩌면 저렇게 이질적인 서로의 얼굴을 바라보는 것일지도 모른다는 생각도 하다가 담을 타고 넘어온 한 송이 장미꽃을 아직 내 몸에 붙어 있는 핏덩어리인 양 바라보았다. 사랑하자, 사랑하자, 빛나는 별처럼 어둠마저 사랑하자. 응고된 눈물이 녹아내린다. 마른 뼈 위에 새벽 별빛이 새살처럼 달라붙는다.
—「흐린 주점에 앉아」 전문

이제는 시인 자신의 내면을 들여다보자. 강대선 시인의 이번 시집에는 백석 풍의 시들이 몇 편 있는데, 그 중 하나가 이 작품이다. 특히 이 작품이 우리에게 삶의 명상이 시에 어떻게 드러나는가를 잘 보여주고 있다는 점에서 시의 본질을 다시금 생각하게 한다. "어디에도 온전한 소리 하나 내지 못하는 나"는 지금 "흐린 주점에 앉아" 자신의 현실을 생각하고 있다. 아니 자신의 내면을 훑고 있다. 흐린 주점, 자신 앞에 놓인 술잔에 비치는 모습 속에서 떠올린 "어느 미술관에서 보았던 해골의 두 눈을 파먹고 날름거리는 붉은 뱀의 혓바닥"은 곧 시인 자신을 에워싸고 있는 현실적 삶의 상황에 다름 아니다. 시인에게 삶에 대한 인식은 어쩌면 "제 모습을 얼마쯤 가리며 걷는 길"(「수수께끼 숲길」)인지 모른다. 그래서 "우리의 삶은 눈물겹다"(「안개꽃」)고 말하기도 한다. 한때는 "진실과 이상을 간직"했었고, "생의 살점" 또한 풍성했지만, 이제는 그것들에 대한 회의가 엄습함을 어찌 할 수 없음도 고백한다. 이럴 때 시인이 갈망하는 것은 "구원"인데, 그 "구원"에 이르는 수단은 "건너편 건물 위에 서 있는 십자가"와 "담을 타고 넘어온 한 송이 장미꽃", 그리고 어둠 속의 "새벽 별빛"이 되기도 한다. 그만큼 강대선 시인의 삶에 대한 인식은 현실에 대한 두려움과 회의감으로부터 탈출하려는 의지가 강함을 알 수 있다. 다시 말해 희망적이라는 이야기다. 시인은 말한다. "먼 길을 돌아온 내 청춘도/아궁이 속, 불씨 같은 햇살을 품고 싶다"(「이 들녘에서」)고. 그리하여 마침내 "그리움 하나를 우주에 심으니/모든 쓸쓸한 것들이 다 아름다운 별이 되었노라고//그리하여 우주에서 들려오는 짙은 웃음소리가/크고도 둥근 물결로 일렁이며 날마다 나에게 건너오고 있는 거라고"(「샤갈의 항해」). 마지막으로 시인의 삶에 대한 명상을 통한 생명에의 경외감이 객관적이면서도 심오하게 다루어진 작품 한 편을 감상해보자.

> 맨 처음 어느 종족이 너에게 금을 그었을까
>
> 그의 손끝에서 신석기의 햇살과 빗줄기가 새겨지고
> 그 틈 사이로 바람이 살짝 비끼어 갔을 것이다
>
> 흙테를 하나씩 빚어 올리는 그 순간에
> 아이들 웃음소리도 섞여들고 모닥불빛 또한 몰래 숨어들었을 것이다
>
> 그의 숨소리가 흙테 위를 조심스럽게 눌러주었을 그때처럼
> 내 호흡이 가만가만 깨금발을 딛는다
>
> 그의 눈빛과 나의 눈빛이 만나기 위해서 칠백 도를 넘어서는
> 뜨거움을 너는 견뎌야만 했을 것이다
>
> 그래서 그의 심장의 파동까지 온전히 담아내고서
> 유천여 년의 시간을 건너 이렇게 너와 나는 만나고 있는 것이다
>
> 밤하늘의 별들을 바라보던
> 그 크고 선량한 갈색 눈빛을 고스란히 말해 주면서
> ─「빗살무늬 눈빛」전문

존 홀 휠록은 "시인의 목소리가 아니라 무의식적인 예지의 순간에, 모든 자아를 포함하는 더 오래되고 더 현명한 어떤 자

아가 시인을 통해서 말하는 음성"을 '시의 네 번째 음성'이라는 말로 엘리엇의 세 가지 음성에 하나 더 덧붙인 적이 있다. 휠록의 이 말은 시인의 음성이 아니면서 시인의 입을 통해 울려나오는, 그리고 시인이 창조해낸 것이 아니라 단지 발견해낸, 바로 그 음성을 말하는데, 우리는 시인으로부터 이 네 번째 음성을 듣기를 늘 갈구한다면, 강대선 시인의 이 작품이 그 중 하나가 될 것이다. 그러면 이 시에서 우리가 듣는 네 번째 음성은 무엇일까. 그것은 '흙'이라는 자연의 모습이 '불'에 의해서 다시 새롭게 태어나는 생명의 음성이 아닐까. "맨 처음 어느 종족"에 의해 토기가 빚어지고, 빚어진 그 토기에 그어지는 빗살무늬마다 "신석기의 햇살과 빗줄기가 새겨지고/그 틈 사이로 바람이 살짝 비끼어 갔을 것"이라든가 이어서 "아이들 웃음소리도 섞여들고 모닥불빛 또한 몰래 숨어들었을 것"이라는 기막힌 상상력은 토기를 빚기 위한 수고로움이나 고단함을 뛰어넘는 행복감, 친밀감을 주기에 충분하다. 빗살무늬 토기를 마주보며 "그의 눈빛과 나의 눈빛"의 만남으로 더욱 심화되는 이 행복감과 친밀감은 어디서 오는 것일까. 그것은 아마도 "육천여 년의 시간"과 "칠백 도를 넘어서는 뜨거움"을 견딘 결과였기 때문은 아닐까. 시간과 공간이 일치했을 때, 그때 우주의 힘은 놀라운 위력을 발휘한다. 그 놀라운 위력이 이 시에서는 지금, 이 순간, "밤하늘의 별들을 바라보던/그 크고 선량한 갈색 눈빛"과의 만남으로 황홀하다. ■